〈소요리문답 요약 교재 3〉

영원한 계명

중고등대학청년부

성·경·공·부·를·위·한

소요리 문답 요약 교재

김재규 지음

3 영원한 계명

Grace 은혜출판사

교재의 특징

1 이 교재는 오늘날 교회가 심혈을 기울여 공부시켜야 할 대학부, 청년부, 중고등부의 성경공부를 위해 소요리 문답을 간단하고, 재미있고, 깊이 있게 꾸민 교리 교재입니다.

2 이 교재는 1년에 공부를 마칠 수 있도록 체계적으로 구성되어 전 4권으로 3개월에 한 권씩 마칠 수 있도록 다음과 같이 꾸며져 있습니다.

제1권 인생과 하나님(인간론과 신론)

제2권 그리스도와 성령(기독론과 구원론)

제3권 영원한 계명(10계명)

제4권 신앙의 진수(믿음, 회개, 기도, 성례, 주기도문)

3 이 교재의 내용은 이 교재만 마치면 교리에 대한 확실한 기초가 정립될 수 있도록 다음과 같이 꾸며져 있습니다.

① 요의

② 중요단어 해설

③ 성경공부를 위한 성경 찾아보는 학습문제

④ 토론(자유, 그룹토의)

4 각 권에 대한 지도자 지침서가 있어 지도자가 인도하는데 도움을 주고 있습니다.

5 이 교재는 하나님의 은혜와 대한 예수교 장로회(대신측) 총회장을 역임하시고 대한 신학교 교의학 교수로 재직하신 김재규 목사님의 심혈에 힘입어 교회 각부에서도 참고적으로 공부하실 수 있도록 꾸며져 있습니다.

추천서

근래에 와서 우리 교계에 많은 신앙서적과 경건서적이 출판되고 있는 것은 매우 바람직한 일이나, 주일학교 교재(유, 초, 중, 고등부, 대학, 청년부)의 빈곤 때문에 각 교회마다 어려움을 느끼고 있는 것은 참으로 안타까운 일이 아닐 수 없다.

이러한 때 신학강단에서 오랜 경험을 쌓은 목회자 김재규 목사님께서 중 · 고등부 성경교재용으로 웨스트민스터 소요리 문답을 쉽게 풀어서 우리 교계에 제시해 준 것은 참으로 경하하여 마지않는다. 성경을 조직적으로 가르치는 길만이 영혼을 살찌게 하고 또 이는 신앙적, 사상적 동요를 막아 줄 것이다.

이 책은 자라나는 청년, 대학, 중 · 고등부 학생들에게 신앙의 뼈대를 잡아주는데 큰 공헌을 하게 될 것이다. 전국 교회의 애독을 바라면서 추천하는 바이다.

합동신학원 원장 철학박사

신복윤

저자의 말

성삼위일체 하나님께 영광을 돌립니다. 한국교회 교회교육의 많은 교재가 있지만 쉽고 이해하기 쉬운 교리교재의 빈곤을 절감하던 중, 청년, 대학, 중 · 고등부를 위한 「웨스트민스터 소요리 문답」을 쉽게 풀이하면서 개인 혹은 그룹이 성경과 함께 기본 교리를 익히며 생활에 적용할 교재를 1년 중 마스터를 하도록 4권(1권 3개월)을 펴내게 되었습니다.

본 교재를 학습하실 때 유의할 것은,

· 교사의 공과 준비와(기도, 다른 교리 이해)

· 반드시 성경을 찾아보는 일과

· 다음 과를 미리 익혀 오는 일과

· 연습문제를 풀면서 성경으로 이해하는 일과

· 자유토론을 통한 생활의 적용

본 교재로 영적, 질적 실력함양에 도움이 되기를 바랄 뿐입니다.

저자 김재규

전 교재 목차들

제1권 인생과 하나님

제2권 그리스도와 성령

제3권 영원한 계명

제4권 신앙의 진수

차 례

제 1 과

도덕율법

요점 십계명을 주신 하나님

읽을성경 신 10:4, 미 6:8

▶ 하나님께서 사람에게 요구하시는 본분이 무엇입니까?
하나님께서 사람에게 요구하시는 본분은 그 나타내 보이신 뜻에 복종하는 것입니다.

▶ 하나님께서 자기에게 복종할 규칙으로 처음 나타내 보이신 것은 무엇입니까?
하나님께서 자기에게 복종할 규칙으로 사람에게 나타내 보이신 것은 도덕의 법칙입니다.

▶ 이 도덕의 법칙이 어디에 간략히 포함되어 있습니까?
이 도덕의 법칙은 십계명에 간략히 포함되어 있습니다.

스스로 깨닫지 못하는 인간에게 하나님 자신의 뜻을 나타내 보이신 것을 "계시"라고 합니다.(신 29:29) 성경과 그 주제인 예수님이 구원 계시이고 성경 속에 문자로 제정하신 율법 중 도덕 율법은 신자, 불신자를 포함한 전 인류에게 하나님이 주신 법이며(십계), 인간은 누구를 막론하고 이 법을 지켜야 합니다. 우리에게 도덕 율법을 주신 하나님은 완전하시고 의로우십니다.

1. 인간의 본분은 하나님 뜻대로 사는 것입니다.

① 그 뜻은 인간의 순종을 요구하며(약 2:22) 성경, 특히 율법에 제시되어 있습니다.

② 선하신 하나님과 함께 행하는 것이 아버지 하나님의 요구입니다.(미 6:8)

2. 도덕 율법(법칙)

① 도덕 율법이란 인간에게 선언한 하나님의 뜻으로(의지) 거룩함과 의의 의무를 요구합니다.(마 5:48)

② 전 인류에게 주어진 것으로 불신자들에게는 양심의 도덕법을 하나님께서 새겨 놓으셨습니다.(롬 2:14~15)

③ 도덕 율법은 인간이 영원토록 하나님께 대한 순종의 의무로써 행하여야 하며 십계명에 요약되어 있습니다.(출 31:18)

④ 도덕 율법이 인간으로 의와 생명에 이르게는 못하여도 의로우신 하나님께 대하여 깨끗이 살아야 할 의무와, 타락한 인간으로서 완전치 못한 자신을 발견하게 하여 겸손하게 합니다. 즉 그리스도를

강력히 필요로 하는 은혜를 사모하게 하고 깨닫게 합니다.(롬 3:20~24)

3. 도덕 율법인 십계명

① 십계명의 총 주제는 「사랑하라」입니다.

② 인간이 처음 지음 받았을 때 도덕 율법을 받았으나(창 1:26) 죄로 말미암아 다시 계시하셨습니다.(롬 1:21, 25)

③ 그리스도를 영접한 자에게도 율법(도덕)은 더욱 중요합니다. 그것은 성도로 말미암아 적극적으로 죄와 싸우며 거룩한 수고를 하게 하며, 구원을 향한 성화(점점 거룩을 향해 발전함)로 인도하기 때문입니다.(고전 9:21, 요 14:21)

④ 하나님을 사랑하는 것은 곧 그의 계명을 지키는 것입니다.(요일 5:3).

학습문제

1. 전 인류가 함께 하나님으로부터 부여받은 법은 무엇입니까? (롬 2:14~15) 양심의 가책과 선한 양심, 악한(화인 맞은) 양심에 대하여 생각해봅시다.

①

②

③

2. 믿음의 진정한 표현은 무엇입니까? (약 2:22, 26) 행하는 믿음과 일반적 믿음의 차이는 무엇입니까?

3. 타락한 인간에게 최초로 주어진 십계명은 누가 누구에게 어디서 전달하였습니까? (출 24:12~16, 32:15~16)

4. 예수님과 율법(도덕)과의 관계를 쉽게 표현한다면 어떻게 말할 수 있을까요? (마 5:17) 율법을 완전히 지킬 인간이 단 한 사람이라도 지구상에 있을까요? (롬 3:10, 20)

요의: 구약의 법 구조

⊙ 십계명(도덕법)을 모법(母法)으로 하여

1~4 → 대신계명(對神): 사람이 하나님께 대한 의무

5~10 → 대인계명(對人): 사람이 사람에게 해야 할 의무

⊙ 도덕율법 (십계명)

- 시민법(재판법)
  - 1. 민법
    - ① 민법
    - ② 물권법
  - 2. 형법
    - ① 대신법
    - ② 대인법
- 의식법
  - 1. 제사법
  - 2. 성결(성별)법
  - 3. 절기법

토의(자유토론)

1. 출애굽기 20장 11~17절의 십계명과 신명기 5장 6~21절의 십계명의 차이점을 찾아봅시다.

2. 우리나라의 6법은 무엇이며 그 모법은 십계명(도덕 율법)이 갖는 모법(母法)의 정신과 어떻게 차이가 나는지 연구해봅시다.

제 2 과

십계명의 대주제와 서문

요점 율법과 사랑의 조화

읽을 성경 마 22:37~40, 출 20:2, 고전 6:20

▶ 십계명의 대 강령이 무엇입니까?

십계명의 대 강령은 우리의 마음을 다하고, 목숨을 다하고, 뜻을 다하여 주 우리 하나님을 사랑하고, 또 우리의 이웃 사랑하기를 자신 같이 하라 하신 것입니다.

▶ 십계명의 서문이 무엇입니까?

십계명의 서문은, "나는 너를 애굽 땅, 종 되었던 집에서 인도하여 낸 하나님여호와니라" 하신 것입니다.

▶ 십계명의 서문이 우리에게 교훈하는 것이 무엇입니까?

십계명의 서문이 우리에게 교훈하는 것은, 하나님은 주도 되시고 우리의 하나님도 되시고, 또 우리의 구속자도 되시니 그러므로 우리가 마땅히 그의 계명들을 지켜야 한다는 것입니다.

십계명의 두 돌판은 사실상 첫째, 둘째 돌판의 구분은 없습니다. 그것은 어느 것이 더 중요하고 덜 중요하지 않다는 것을 강력히 나타냅니다. 두 돌판의 구분은 그 후 학자들, 즉 정당한 교파에서 설정하였습니다.(십계명 구분란을 참조하십시오)

1. 십계명의 대 주제는 「사랑하라」입니다.

① 1계명에서 4계명까지는 "하나님을 사랑하라."이고, 5계명에서 10계명까지는 "이웃(나 외 모든 인간)을 사랑하라."에 집약되어 있습니다.(마 22:37~40) 이 둘은 곧 "하나님을 사랑하라."에 포함됩니다. 결코 둘을 나눌 수 없습니다.

② 사랑은 율법의 완성입니다.(롬 13:10) 그리스도께서 십자가를 지셨으므로 죄의 삯을 지불하셨고 율법의 요구를 이루셨습니다. 주를 믿는 자는 이미 율법에서 해방되었습니다.(롬 8:2) – 심령의 자유와 기쁨

③ 구원받은 자는 더욱 하나님의 계명을 지킬 적극적 사랑의 의무가 증대되었습니다.(요 14:15)

2. 십계명의 서문은 여호와 하나님의 「은혜」를 보여줍니다.

① 우리의 하나님이 되어 주셨습니다. 여호와, 즉 자존하시며 영원 불변하신 분이요, 삼위일체 하나님으로 우리와 언약을 맺어 주신 분입니다.(고후 6:18, 시 25:14)

② 출애굽, 곧 해방과 구원을 베푸신 은혜자 하나님이십니다. 이스라엘의 구원은 전적 하나님의 은혜로 인간의 공로가 없음을 가르쳐

줍니다.(엡 2:8, 시 136:1~26)

3. 우리의 주요, 하나님, 구속자 되시매 마땅히 그 계명을 지켜야 합니다.(고전 6:20)
   ① 우리는 하나님의 것이요, 만물이 주에게서 나오고 주로 말미암아 주에게 돌아감으로 그에게 영광이 세세에 있도다.(롬 11:36)
   ② 그의 계명을 지킴은 예배요, 순종이요, 주권에 대한 의무입니다.

학습문제

1. 마태복음 22장 37~40절의 첫째 계명과 둘째 계명은 무엇을 의미합니까?

2. 십계명을 요약하여 대 주제를 잡는다면 무엇입니까?

3. 마태복음 19장 16~22절의 청년은 실제로 계명을 다 지켰습니까?

4. 십계명을 하나님에 대한 의무와 사람에 대한 의무로 완전히 나눌 수 있을까요?

5. 십계명의 서문은 그 주제가 무엇입니까? 마음, 성품, 뜻, 힘의 의미를 되새겨봅시다.

6. 구원 받은 자가 더욱 계명을 지켜야 함은 형벌이 무서워서입니까? 사랑의 의무입니까? (요 14:15, 21)

10계명 준수문제와 구분

1. 십계명의 준수와 세 견해

(1) 율법주의: 율법을 지켜야 구원받는다는 견해(유대교)

(2) 무율법주의: 예수님으로 구원받고 율법에서 해방되어 있으니 죄 지어도 괜찮고 거리낌이 없으며(구원파) 사랑이 율법보다 우위이므로 사랑 때문에 죄 지어도 상황에 따라 죄가 안 된다는(상황 윤리) 견해

(3) 신률(하나님 영광적 성경)주의: 구원 받았으니 더욱 계명을 지키기에 최선

을 다하며 약함(온전히 못 지키는)을 인하여 더욱 겸손하며 주를 의지함

※위 (1), (2)은 바른 견해가 아님

2. 십계명의 구분

(1) 유대교: 십계명 서문을 1계로(출 20:2), 제2계명과 제3계명을 2계로 함

(2) 가톨릭, 루터교: 1계와 2계를 하나로 보고, 제10계명을 9계와 10계로 함

(3) 개혁파: 오리겐, 칼빈 등은 첫째 돌판 1~4계, 둘째 돌판 5~10계로 함(가장 정당한 것입니다.)

토의(자유토론)

1. 하나님을 사랑(계명)하는 자가 이웃을 사랑하지 못하는 경우가 있을까요? (예 효도문제)

2. 신앙이 좋다는(객관적) 자가 이웃을 해치는 경우를 놓고(실증) 계명으로 분석해봅시다.

제 3 과

제1계명

요점 예배의 대상

읽을성경 출 20:3, 신 26:17

▶ 제1계명은 무엇입니까?

제1계명은 "나 외에는 다른 신들을 네게 두지 말라" 하신 것입니다.

▶ 제1계명이 명하는 것이 무엇입니까?

제1계명이 우리에게 명하는 것은 하나님께서 유일한 참 신이 되심과, 우리의 하나님 되심을 알고, 승인하며 그대로 그에게 경배하며 영화롭게 하라 한 것입니다.

제1계명은 하나님만이 참 예배의 대상임을 분명히 보여 줍니다. 사람이나 그 어떤 것도 하나님보다 더 영광을 받아서는 안 됩니다.

1. 하나님 외에는 진정한 예배 대상자가 없습니다.

① 하나님 외에 참 신이 없습니다.(삼하 7:22, 22:32, 시 18:31)

② 하나님만을 우리 앞에 있게 하여야 합니다.

2. 하나님만이 참 신이요 유일하신 분이십니다.

① 우상을 가까이 하지도 말고, 두지도 말아야 합니다.

② 하나님께 합당한 영광을 돌려야 합니다.

※ 대요리 문답 104문 - 하나님을 참 신으로 알고 인정하고(대상 28:9, 신 26:17), 경배하며(시 95:6~7), 생각하며(말 3:16), 묵상하고(시 63:6), 신뢰하며(사 26:4), 소망하며(시 130:7), 감사와 영광을 돌려라(빌 4:6).

3. 하나님을 타종교와 혼합하게 하는 종교 행위를 해서는 안 됩니다.

① 신앙적 타협은 불가합니다.(고후 6:15~16)

② 하나님을 우리의 하나님으로 모셔야 합니다.(출 15:2)

③ 유일신 곧, 「삼위일체」 하나님만 섬김의 대상입니다.(엡 1:13~14) 성부의 선택(엡 1:3~6), 성자의 속량(엡 1:7~12), 성령의 「인」을 주심(엡 1:13~14)

학습문제

1. '하나님 외에 누가 하나님이며' 의 의미는 무엇입니까?
(삼하 22:32)

2. 왜 인간은 하나님만 섬겨야 합니까?
(사 43:21)

3. 나의 하나님이라고 고백할 수 있습니까? (삼하 22:3)
고백해 보세요.(하나님을 향해)

4. 하나님을 참 하나님으로 경배하는 자의 삶은 어떠해야 합니까?
(롬 11:36, 엡 4:1, 골 1:10)

요의: 거짓된 일신교와 다신교

1. 일신교

(1) 마호멧교(Mahomet): 마호멧에 의해 창시되었고(A.D. 570~632), 경전은 「코란」이며, 알라(Allah) 신을 창조, 전능한 신으로 섬긴다. – 성경과 무관

(2) 유대교: 여호와를 섬기나 신약과 그리스도 예수를 메시아로 인정치 않는 그릇된 종교

2. 다신교적 잡신(일본의 800만 잡신; 그리스, 로마신화, 바벨론 잡신, 애굽, 중국, 인도 등 다양함)

토의(자유토론)

1. 한국의 잡신(귀신)에 대하여 말해봅시다.

2. 하나님이나 불교나 결국은 같지 않느냐는 불신자들의 말은 왜 부당합니까?

제 4 과

제1계명의 교훈

요절 오직 하나님 주의

읽을성경 롬 1:21, 시 44:20~21

▶ 제1계명이 금하는 것은 무엇입니까?

제1계명이 금하는 것은 참 하나님을 하나님으로 알지 아니하거나 우리의 하나님으로 경배하지 않고 영화롭게도 하지 않고 그에게만 합당한 경배와 영화를 다른 이에게 드리는 것입니다.

▶ 제1계명 중에 "나 외에"라는 말씀이 우리에게 특별히 교훈하는 것이 무엇입니까?

제1계명 중에 "나 외에"란 말씀이 특별히 교훈하는 것은 만물을 보시는 하나님이 아무 다른 신을 위하는 죄를 보시고 분하게 여기신다는 것입니다.

하나님 경외 곧 연전의식과 한 번도 예배에 실패하지 말고 생활 자체가 예배가 되는 거룩하고 합당한 예배생활의 중요성을 인식합시다.

1. 하나님을 하나님으로 승인합시다.

① 무신론의 어리석음을 지적합니다.(시 14:1)

② 감사와 영화로운 대상자로 보지 않음도 죄가 됩니다.(롬 1:21)

③ 하나님의 진리를 거짓 것으로 바꾸는, 즉 피조물을 창조주보다 더 경배함을 용납하지 않습니다.(롬 1:25)

2. 하나님 외에(나 외에) 다른 신은 없습니다.

① 어떤 곳에도 하나님은 계시고(시 139:1~12) 하나님만 참 섬김의 대상입니다.

② 상천 하지에 하나님만이 유일한 참 신이므로 하나님 외에 아무도 언급하지 말라.(신 4:39)

③ 하나님은, 하나님만 섬기고 또 다른 신을 섬기기를 원치 않고 분하게(질투하심) 여기십니다.(겔 8:1~4, 신 32:16)

종교적 혼합주의를 배격하자

1. 미신적 혼합종교

(1) 대순진리회: 성경, 불경, 사서삼경 등을 혼합하여 성경을 엉뚱하게 왜곡하는 사이비 잡종교이다.

(2) 통일교: 성경, 주역, 헤겔의 철학을 혼합. 문선명을 교주로 하는 우상집단

2. 여호와 하나님을 섬김과 유사 및 타종교 연합 시도의 오류(혼합주의)
(1) 기독교와 타종교의 대화를 주장하는 견해의 잘못(요이 1:10~11)
(2) 오류(타종교)를 인정하는 태도의 모순(몰몬교, 안식교 등)

학습문제

1. 혼합주의란 무엇입니까?

2. 바른 기독교 입장에서 타종교를 관용해야 합니까? (요일 2:23, 요이 10장) (사회생활과 신앙교제를 구분하십시오.)

3. 하나님은 어떤 경우 질투하십니까? (신 32:16)

4. 여호와께 합당한 경배는 어떤 것입니까? (롬 1:21)

토의(자유토론)

1. 각 나라의 잡신(雜神)들에 대하여 말해봅시다.
   (예 중국 – 인귀(人鬼) 다신다귀 등)

2. 종교적 중립이란 것이 있을 수 있는지 말해봅시다.

제 5 과

제2계명

요점 바른 예배

읽을성경 출 20:4~6, 신 32:46

▶ 제2계명이 무엇입니까?

제2계명은 "너를 위하여 새긴 우상을 만들지 말고, 또 위로 하늘에 있는 것이나 아래로 땅에 있는 것이나 땅 아래 물 속에 있는 것의 어떤 형상도 만들지 말며, 그것들에게 절하지 말며, 그것들을 섬기지 말라. 나 네 하나님 여호와는 질투하는 하나님인즉, 나를 미워하는 자의 죄를 갚되 아버지로부터 아들에게로 삼사 대까지 이르게 하거니와 나를 사랑하고 내 계명을 지키는 자에게는 천 대까지 은혜를 베푸느니라." 하신 것이다.

▶ 제2계명이 명하는 것은 무엇입니까?

제2계명에서 명하는 것은 하나님이 자기 말씀 가운데서 정하신 종교적 모든 예배와 규례를 받아 순종하며 깨끗하고 온전하게 지키라는 것입니다.

제2계명은 예배의 정당한 방법에 대하여 말씀합니다.

1. 제2계명의 내용

① 우상을 만들지 말며 섬기지 말라는 것입니다.(출 20:4~6)

② 참 신 하나님을 그릇된 방법으로 섬기지 말라고 명한 것입니다.(기분과 감정에 치우치거나 사람에게 보이려는 외식을 삼가해야 합니다.)

③ 하나님께 바른 예배를 드리라는 것입니다.(요 4:24)

④ 하나님을 사랑하는 자에게와 미워하는 자에게 하나님께서 복과 진노의 두 가지 반응으로 자손에게까지 미치게 합니다.

2. 제2계명에서 명(命)하는 것

① 예배와 규례를 순종하라는 것입니다.(요 4:24, 신 12:32, 33:46)

: 그리스도의 이름으로 드리는 기도와 감사, 말씀을 읽고 듣는 것, 성례들의 거행과 받음, 교회정치와 권징, 성직과 그것의 유지, 종교적 금식을 할 것, 하나님의 이름으로 맹세하는 것, 모든 거짓된 예배를 부인하고 미워하며 반대할 것과, 각자의 지위와 사명에 따라 거짓된 예배와 모든 우상 숭배의 기념물들을 제거하는 것입니다.

※ 영(靈)이신 하나님께 믿음으로 그 말씀을 순종해야 합니다.

② 깨끗하고 완전하게 지키라는 것입니다(마 28:20, 딤전 6:14)

: 위의(①번) 내용들을 지키되 참으로 순수한 예배를 드리는 자들이 되기 위해 열심히 노력해야 합니다. 제2계명을 범할 때 가장 어려움을 겪는 것은 자녀들입니다. 그러나 우리가 하나님께서 그의 말씀에 제정하신 대로 경건한 예배와 규례들을 수납하고 거행하

며, 순수하고 완전하게 지킬 때, 하나님께서는 놀랄 만한 자비를 베풀어 주십니다. 따라서 하나님께 대한 예배와 규례를 순수하게 지키려고 노력하는 교회에서, 자녀들은 특별하게 복을 받습니다.

요의

1. 십자가의 우상화

십자가는 구속의 상징으로 믿는 데는 의의가 없으나, 우상화해서 미신(迷信)으로 사용해서는 안 된다.

2. 성화(특히 인물화)의 우상화

신앙생활을 돕기 위해서 성경에서 인용한 성화들이 많이 있는데 이런 것들을 자주 보고 걸어두면 결국은 형상으로 만들어 우상 숭배할 염려가 있으니 성경적이 아니요 우상 숭배를 유인하는 폐단이 생기므로(역사적으로 있었기 때문) 조심해야 한다.

3. 마리아 우상 숭배

① 영원한 처녀성 때문에

② 초자연적 예수 잉태 및 탄생 때문에

③ 주후 431년 에베소 회의 때 [하나님의 어머니]로 천주교에서 신격화한 것이다.

4. 신사참배와 제사(겔 8:16, 신 26:14, 시 31:12)

성경말씀에 즉, 제2계명에 위배되는 것이다.

5. 단군성전 건립 및 숭배

단군은 신화적 인물인데 국가적으로 섬기는 일은 국민 전체를 우상 숭배로 오도하는 일이요, 제2계명에 위배된다.

학습문제

1. 우상에 대하여 중요한 내용 세 가지를 기록해봅시다. (출 20:4~6)

2. 제2계명이 명(命)하는 것은 무엇입니까? (신 12:32, 마 28:20)

3. 김일성 부자 우상화의 북한 실정과 그 오류가 무엇입니까? (신격화에 대하여) (신 4:39)

토의(자유토론)

1. 바른 예배를 잘 드리려면 어떻게 해야 하는지 말해봅시다. (요 4:23~24)

2. 왜 단군 숭배를 반대해야 합니까? 그리고 그들을 찬성하는 여론의 주장은 무엇입니까?

제 6 과

제2계명의 교훈

요점 오직 하나님께만 경배

읽을성경 신 4:16~19, 시 100:3

▶ **제2계명에서 금(禁)하는 것이 무엇입니까?**

제2계명이 금하는 것은 우상으로 하나님을 경배하거나 하나님의 말씀에 정하지 아니한 어떤 다른 방법으로 하는 것입니다.

▶ **제2계명을 지키라 한 이유가 무엇입니까?**

제2계명을 지키라 한 이유는 하나님이 우리의 주재가 되시며 우리의 소유주가 되시며 홀로 자기에게만 경배하기를 바라시는 것입니다.

구체적으로 생활(문화) 속에서 범하기 쉬운 우상에 대한 확실한 지식이 있어야 합니다.

1. 제2계명에서 금(禁)하는 것

① 우상이나 형상으로 하나님을 대신하지 말라는 것입니다.(신 4:17~19, 13:6~8, 행 17:29) – 우상이란 나무나 돌이나 쇠붙이로 어떤 형상을 만들어 숭배하고 신앙하여 이로 인하여 고통을 벗고 위안을 얻으려는 신앙의 대상이요, 형상이란 물건의 형체와 상상의 형상을 말합니다. 우리가 흙이나 나무로 어떤 형상을 만들었다고 그것을 우상이라고 말하지는 않고 예술품이나 조각이라고 합니다. 그러나 누구가 그 형상을 하나님처럼 섬기거나 경배드리거나 혹은 복을 받겠다고 기도를 드린다면 그것은 우상이 되는 것이요, 우상 숭배가 되는 것입니다.

② 성경이 정하지 아니한 다른 방법으로 하나님을 섬기지 말라는 것입니다.(레 10:1, 삼하 6:7)

㉠ 절하지 말 것(출 34:8, 삼상 1:28) – 허리를 굽히고 머리를 땅에 대는 행동인데, 느부갓네살은 금 신상을 세워 놓고 전 국민으로 하여금 절하게 했습니다.(단 3:7)

㉡ 어떤 종교적인 경배를 꾸며대는 모든 것(민 15:39), 의논하는 것(신 13:6~8), 명령하는 것(호 5:11), 사용하는 것(왕상 11:33), 교묘하게 인정하는 것(왕상 12:30, 32)입니다.

2. 제2계명을 지키라고 하신 이유(교훈)

① 하나님은 우리의 주권자가 되심(시 95:2~3)

② 우리의 소유주가 되심(시 100:3, 롬 1:6)

③ 홀로 하나님에게만 경배하는 것을 바라심 – 오직 하나님께만 경배(출 34:14, 계 15:4)

요의

- 형상들
  - ① 자연적 형상: 태양, 별, 돌, 나무 등
  - ② 인공적 형상
    - ① 조각한 형상
    - ② 부어만든 형상
    - ③ 그림으로 그린 형상

학습문제

1. 시체 앞에 절하는 것과 제사 때 절하는 것이 우상 숭배가 됩니까?
(출 20:5, 출 20:23)

2. 돈, 권력, 명예, 자신 등이 우상이 되는 경우는 어떤 때입니까?
(딤후 3:2~5)

3. 제2계명에서 금하는 것은 무엇입니까?

①

②

4. 제2계명을 지키라 하신 이유는 무엇입니까?

① 시 95:2~3

② 시 100:3

③ 출 34:14, 계 15:4

토의(자유토론)

1. 성경에 나타난 형상을 아는 대로 말해보고 형상 숭배가 부당한 이유를 말해봅시다. (왕하 21:7, 삼상 19:13~16, 출 32장)

2. 제2계명을 지켜야 하는 이유가 무엇입니까?
(출 20:6, 시 95:3, 시 100:3)

제 7 과

제3계명

요점 존귀한 여호와

읽을성경 출 20:7, 마 6:9

▶ 제3계명이 무엇입니까?

제3계명은 "너는 네 하나님 여호와의 이름을 망령되게 부르지 말라. 여호와는 그의 이름을 망령되게 부르는 자를 죄 없다 하지 아니하리라." 하신 것입니다.

▶ 제3계명에서 명(命)하는 것은 무엇입니까?

제3계명에 명하는 것은 하나님의 이름과 칭호와 속성과 규례와 말씀과 행사를 거룩하고 존경하는 마음으로 사용하라는 것입니다.

예배에 합당한 영적, 외적 모든 태도를 정확히 하여야 합니다.

1. 제3계명의 내용

① "너는 네 하나님 여호와의 이름을 망령되게 부르지 말라." 입니다.(출 20:7)

② 하나님의 이름을 부를 때 거룩하고 존경하며 두려워하는 마음으로 사용하라는 것입니다.

③ 사람이 하나님께 대하여 말로나 행동으로나 그 이름을 영광스럽게 하여야 한다는 것입니다.

2. 제3계명이 명하는 것

① 하나님의 성호를 거룩하게, 또 경건하게 사용하라는 것입니다.(레 19:2, 벧전 1:16) – 하나님의 칭호, 이름, 속성들, 의식, 말씀, 성례, 기도, 맹세, 서원, 선택, 그의 역사 및 기타 어떤 것이든지 그를 나타내는 데 있어서 생각에나, 묵상에나, 말에나, 글에 있어서입니다.

② 거룩한 고백으로, 합당한 생활로, 하나님께 영광되게 하며(고전 10:31), 또 우리들 자신이나 다른 사람의 유익을 위하여(벧전 2:12) 사용하라는 것입니다.

③ 존귀한 여호와의 이름의 절대성과 존엄성을 고취하라는 것입니다.

요의

1. 칼빈에 의하면 우리가 준수해야 할 세 가지가 있다고 한다.
첫째, 우리의 모든 일을 통해서 하나님의 존귀와 그의 이름의 고귀함과 그의 위대함에 대하여 영광을 돌려야 한다.
둘째, 우리는 우리의 야심이나 탐욕이나 즐거움을 위하여 그의 거룩한 말씀을 오용하고 남용해서는 안 되며, 그 거룩한 말씀을 항상 존경하며 존중해야 한다.
셋째, 하나님을 비난하거나, 그의 행적을 훼방해서는 안 되며, 하나님이 하시는 일에 대해 그의 지혜와 의와 선을 찬양해야 한다.

2. 제3계명은 생활 속에서 조심하며 지켜야 하는 계명이요, 특히 말과 지체로써 경배하는 외적인 행위이다.

학습문제

1. 우리의 삶 속에서 함부로 "하나님", "예수님" 운운한 적은 없습니까? 이것은 왜 잘못되었습니까? '망령됨' 과 연관해서 말해보십시오.

2. 중언부언하는 기도나 간절하지 못한 마음으로 하나님께 찬양하고 있지 않습니까? (마 6:7)

3. 칼빈이 말한 우리가 준수해야 할 3가지는 무엇입니까?

①

②

③

토의(자유토론)

1. 성경에 나타난 여호와의 이름과 그 뜻을 말해봅시다.
   (창 22:14, 출 15:26, 17:15, 삿 6:24, 시 23:1, 겔 48:35)

2. 제3계명을 잘 지키는 방법을 말해봅시다.
   (신 4:9, 눅 22:32, 시 22:22, 골 3:17)

제 8 과

제3계명의 교훈

요점 성호에 합당한 찬양과 영광 돌림

읽을성경 말 2:2, 신 18:58~59

▶ 제3계명에서 금하는 것이 무엇입니까?
제3계명에서 금하는 것은 무엇이든지 하나님이 자기를 나타내신 것을 훼방하거나 악용하는 것입니다.

▶ 제3계명에서 지키라 한 이유가 무엇입니까?
제3계명에서 지키라 한 이유는 이 계명을 범하는 자는 비록 사람에게는 형벌을 피할지라도 주 우리 하나님은 저희로 하여금 그 의로우신 심판을 피하지 못하게 하시는 것입니다.

우리의 삶 속에서 하나님의 영광을 가로채거나 마땅히 예배하는 인생이 되어야 하고, 실패하는 삶이 되어서는 안 됩니다.

1. 제3계명에서 금하는 것

① 하나님께서 나타내신 것을 훼방하지 말라는 것입니다.(말 2:2, 출 5:2) – 나타난 권위를 무시하거나 혹은 적대시하여 모욕하는 언행입니다.

㉠ 하나님의 이름을 우상이나 다른 신에게 주는 것(출 32:4, 왕상 12:28)

㉡ 함부로 주님의 이름을 불러 영광을 가리는 것과 또 멸시하거나 욕되게 하는 것

㉢ 신성한 하나님의 말씀을 불경건하게 사용하는 것

㉣ 무성의하고도 가식적인 기도, 찬송, 설교, 헌금하는 것(암 4:4~5)

㉤ 예배당에서 경솔하고 불경건하게 세속적 언행을 사용하는 것.

② 하나님께서 나타내신 것을 악용하지 말라는 것입니다.(레 19:12, 마 5:34~36)

㉠ 무지하게, 헛되게, 불경건하게, 세속되게, 미신적으로 악용하는 것

㉡ 칭호, 속성, 의식 또는 사역들을 악하게 말하거나 다르게 쓰는 것.

㉢ 위증하는 것(슥 5:4)

㉣ 죄악된 저주, 맹세, 서원, 선택, 추첨으로 남용하는 것(※대요리 113문 참조)

2. 제3계명을 지키라고 하신 이유

① 이 계명을 범하는 자가 사람에게서 형벌을 피한 것으로 무마되는 것이 아니기 때문입니다.(삼상 2:12) – 엘리의 아들들

② 하나님의 공의의 심판을 피하지 못하게 하시기 때문입니다.(신 28:58~59, 호 10:4).

③ "하지 말라" 고 하신 하나님의 절대 명령을 어김에 대한 대가를 반드시 갚으신다는 하나님의 선고를 결단코 피할 수 없기 때문입니다.

요의

제3계명을 범하는 것 가운데 외적으로 거짓 교리를 신봉하거나(사이비종교) 하나님이 명령하신 것을 공공연히 반대할 때, 그리스도의 이름이 망령되이 일컬어진다.(요일 2:19)

- "형식주의"(사 2:12~22, 딤후 3:5)
- "전통주의" – 서기관과 바리새인들(막 7:7, 13)
- "현대주의" – 기독교 신앙에 대한 거짓 이론에 붙여진 이름(마 7:21~23),
- "각종 이단종파"

학습문제

1. 왜 예수님은 바리새인과 서기관들을 책망하였습니까? (마 23:23)

2. 이사야 1장 11~13절을 읽으십시요. 하나님이 싫어하시는 제사(예배)는 무슨 이유입니까?

3. 시편 51장 17절에서 하나님이 받으시는 제사는 어떤 것입니까?

4. 시편 50장 14~15절에서 참 감사로 하나님께 예배를 드렸는지, 역경의 때에도 끝까지 하나님을 의지하였는지 묵상해봅시다.

토의(자유토론)

1. 맹세와 서원에 대해서 함부로 하지는 않았었는지 생각해봅시다. (제3계명과의 관련해서, 직분 받았을 때, 개인 기도시, 혹은 삶 속에서)

제 9 과

제4계명

요점 성별된 날

읽을 성경 출 20:8~11, 창 2:3

▶ 제4계명은 무엇입니까?

제4계명은 "안식일을 기억하여 거룩한 날로 지키라. 엿새 동안은 힘써 네 모든 일을 행할 것이나 일곱째 날은 네 하나님 여호와의 안식일인즉, 너나 네 아들이나 네 딸이나 네 남종이나 네 여종이나 네 가축이나 문안에 머무는 객이라도 아무 일도 하지 말라. 이는 엿새 동안에나 여호와가 하늘과 땅과 바다와 그 가운데 모든 것을 만들고 일곱째 날에 쉬었음이라. 그러므로 나 여호와가 안식일을 복되게 하여 그날을 거룩하게 하였느니라." 하신 것입니다.

▶ 제4계명에서 명하는 것이 무엇입니까?

제4계명에서 명하는 것은 하나님 말씀 중에 명하신 절기를 그의 앞에 거룩히 지키는 것이니 특별히 칠 일 중에 하루를 종일토록 그의 거룩하신 안식일로 삼으라는 것입니다.

▶ 하나님께서 칠 일 중에 어느 날을 안식일로 명하셨습니까?

세상 시작으로부터 그리스도의 부활하시기까지는 하나님이 이레 중에 일곱째 날을 안식일로 명하셨고, 그 후로부터 세상 끝날에 이르기까지는 이레 중의 첫날에 명하셨으니 곧 그리스도인의 안식일입니다.

구약의 안식일은 창조의 완성자 하나님에 대한 거룩함을 노래하며 복 주신 은혜를 누리며 살 것을 핵심으로 합니다. 이는 영원한 안식의 표이며 거룩한 예배 생활의 표입니다. 그리고 안식일의 주인이신 예수님의 구속과 부활로 승리, 완성의 주일로 새로워졌습니다.

1. 제4계명의 내용
   ① 안식일을 기억하여 거룩히 지키라.(출 20:8~11)
   ② 하나님을 경배할 날(시간)을 명한 것
   ③ 모든 날 가운데 성별된 날을 성별되게 지키라는 것

2. 제4계명에서 명하는 것
   ① 이레 중 하루를 거룩히 지키라는 것입니다.(창 2:3, 레 19:3, 신 5:12)
   ② 특별히 이레 중 하루를 종일토록 거룩하게 지키라는 것입니다.(출 16:25~29)

3. 이레 중 안식일로 정한 날
   ① 세상 시초부터 그리스도 부활까지는 이레 중 끝날을 정하셨습니다.(창 2:3)
   ② 그리스도 부활 후부터 주님 오실 때까지는 이레 중, 첫날을 정하셨습니다.(마 12:8, 행 20:7)

요의

1. 제7일 안식일이 제1일 주일로 바뀐 일

① 안식일의 주인언 그리스도의 구속에 근거한다.(막 2:28, 요 20:19, 26, 계 1:10)

② 그리스도의 부활에 근거한다.(마 28:1~15)

③ 사도들과 초대교회의 행적에 근거한다.(고전 16:2)

2. 명칭

「일요일」, 「안식일」, 「주일」 가운데 성도들은 "주님의 날(Lord' s day)" 또는 "주일(主日)"로 부르면 좋다. 이것이 성경적이요, 신앙적이다.

3. 안식의 구분

안식 (일을 하지 않고 쉼 – 평강)

① 내적, 도덕적, 신령적으로 죄로부터 안식

② 외적 및 의식적 안식 (하나님이 제정)

㉠ 직접적 안식 – 구약안식(이렛날)

㉡ 간접적 안식(첫째날) – 교회를 통하여 이룩된 신약 안식일로서 「주의 날」

• 날의 안식

• 해의 안식 – 매 7년마다 < 제7일 / 유월절, 오순절, 장막절 등 각종 절기

• 달의 안식 – 새 달

학습문제

1. 안식일은 누가 만드셨습니까? (출 20:11)

2. 안식일을 바로 지키는 전제는 무엇이라고 말씀합니까? (출 20:9)

3. 출애굽기 20장 11절과 이사야 43장 21절을 비교하면서 피조물의 존재 목적을 찾아봅시다.

4. 안식일이 주일로 바뀐 근거 3가지는 무엇입니까?

① 막 2:28

② 고전 15:3~4

③ 고전 16:2

토의(자유토론)

1. 안식일과 주일을 비교해서 말해봅시다.

2. 안식일에 대한 각 파의 견해를 말해봅시다.(예 안식교, 천주교, 유대교)

제 10 과

제4계명의 교훈

요점 성수주일 신앙 확립

읽을성경 레 23:3, 사 58:13~14

▶ 어떻게 하여야 안식일을 거룩하게 하겠습니까?

안식일을 거룩하게 하는 것은 그날 종일을 거룩하게 쉼으로 할 것이니 다른 날에 합당한 여러 가지 세상 일과 오락까지 그치고 그 시간을 공사 예배 바쳐 사용할 것이요, 그 외에는 부득이 한 일과 자선 사업에 사용할 수 있습니다.

▶ 제4계명에서 금하는 것이 무엇입니까?

제4계명에서 금하는 것은 그 명한 바 의무를 이행하지 아니하거나 혹 주의하지 아니하여 나태함으로써 그날을 더럽게 하거나 죄 되는 일을 행하거나 세상의 여러 가지 일과 오락에 대하여 불필요한 생각과 말과 행동을 하는 것입니다.

▶ 제4계명에서 "안식일을 지키라." 한 이유는 무엇입니까?

제4계명에서 지키라 한 이유는 하나님이 우리의 여러 가지 일을 위하여 여섯 날을 허락하시고 일곱째 날은 자기가 특별히 주장하는 이가 되었다 하심과 자기가 친히 모범을 보이신 것과 안식일을 축복하신 것입니다.

성도는 구별된 백성이며 구별된 시간(주일)을 드리는 것이 복된 삶입니다. 주일 개념이 점점 약해지는 것은 곧 타락의 증거입니다. 구약의 안식일 정신을 가지고 신약의 예수님과 접목해야 바르게 주일을 지키는 것입니다.

1. 주일을 거룩하게 지키는 방법

① 종일 거룩하게 쉬어야 합니다.(출 20:8~10)

㉠ 세상 일과 오락을 그칠 것(레 23:3)

㉡ 그 시간을 공 · 사 예배에 바칠 것(사 58:13~14)

㉢ 부득이한 일과 자선 사업에 사용할 것(마 12:11)

② 준비를 잘해야 합니다.

㉠ 엿새 동안 열심히 일하므로 준비(살후 3:10)

㉡ 심령을 기쁨으로 단장합니다.(사 58:13)

㉢ 말씀 읽고 기도로써 준비(요 17:17, 시 1:1~3)

③ 하나님의 말씀을 잘 받아야 합니다.

㉠ 사탄의 방해를 물리치고(슥 3:1)

㉡ 사모하므로(벧전 2:2)

㉢ 기쁜 마음으로(렘 15:16)

㉣ 믿음으로(히 4:2)

㉤ 겸손한 마음으로(약 1:21, 시 25:9)

㉥ 주의 깊게(눅 8:15)

④ 묵상해야 합니다.

㉠ 창조의 역사를(창 1장)

ⓛ 하나님의 신성을(출 15:11)

ⓒ 그리스도의 속죄의 사랑을(계 1:5)

ⓡ 영원한 안식을(천국 – 계 21장)

⑤ 전도해야 합니다.

2. 제4계명에서 금하는 것

① 명한 의무를 이행치 않는 것(겔 22:26)

② 나태하여 그 날을 더럽히는 것(말 1:12~13)

③ 죄 되는 일을 행하는 것(겔 23:37~38)

④ 세상 오락과 불필요한 생각과 말과 행동(사 58:13)

3. 제4계명을 지키라 한 이유

① 우리의 생명을 위해서(출 31:15~16)

② 하루는 하나님의 날이므로(레 23:3)

③ 친히 모범을 보이셨으므로(출 31:17)

④ 안식일을 친히 축복하시려고(창 2:3)

요의

안식교와 안식일

안식일에 대해 가장 이단적인 주장을 하면서 오늘날 정통 교회를 위협하고 있는 것이 안식교이다. 그들은 제7일만이 성경적 안식일이라고 말하나 그 부당한 이유는,

① 율법주의이기 때문에 부당함

② 성경 문맥으로 보아서도 부당함

③ 인간의 조작이므로 부당함

학습문제

1. 주일을 거룩하게 지키는 방법을 5가지만 말해봅시다.

① 출 20:8~10

② 시 1:1~3

③ 벧전 2:2

④ 계 1:5

⑤ 딤후 4:2

2. 제4계명에서 금하는 것은 무엇입니까? (4가지)

①

②

③

④

3. 제4계명을 지키라 한 이유는 무엇입니까? (4가지)

①

②

③

④

4. 안식일을 주일로 지키게 된 것을 성경에서 찾아봅시다.
(마 12:8, 마 28:1, 행 20:7, 골 2:16~17, 계 1:10)

토의(자유토론)

1. 안식교의 안식일 고집에 대한 부당성을 구체적으로 말해봅시다.
(요의 참조)

2. 유대인의 안식일 준비 및 성수 풍습을 말해봅시다.

3. 나의 주일 성수는 어떻게 하고 있습니까?

제 11 과

제5계명

요점 성경적 효도관 확립

읽을성경 출 20:12, 엡 6:1~3

▶ **제5계명이 무엇입니까?**

제5계명은 "네 부모를 공경하라. 그리하면 네 하나님 여호와가 네게 준 땅에서 네 생명이 길리라." 하신 것입니다.

▶ **제5계명에서 명하는 것이 무엇입니까?**

제5계명에서 명하는 것은 각인에게 속한 자기들의 지위와 인륜 관계, 즉 상하와 평등을 따라 높일 자를 높이고 의무를 다하라는 것입니다.

▶ **제5계명에서 금하는 것이 무엇입니까?**

제5계명에서 금하는 각인에게 속한 자기들의 지위와 인륜 관계에 있어서 각자에게 속한 명예와 의무를 소홀히 하거나 반대되는 일을 하는 것입니다.

▶ **제5계명을 지키라 한 이유는 무엇입니까?**

제5계명을 지키라 한 이유는 이 계명을 모든 사람에게 하나님께 영광이 되고 자기 자신들에게 선이 되는 한 장수하고 번영하는 복을 주시겠다고 약속을 하셨기 때문입니다.

눈에 보이는 부모에게 효도하지 못하는 자가 하나님을 사랑한다는 것은 거짓입니다.

1. 제5계명의 내용은 적극적입니다.

① "네 부모를 공경하라." (출 20:12)입니다.

② 지킬 때 장수의 복이 약속되어 있습니다.(엡 6:3)

2. 제5계명이 명(命)하는 것

① 사람이 지켜야 할 떳떳한 도리를 지키라는 것입니다.(인륜 관계의 의무) (엡 6:1, 5)

② 지위(地位)관계의 의무를 다하라는 것입니다.(롬 13:1, 10)

3. 제5계명에서 금(禁)하는 것

① 상하를 분별하지 못하는 것입니다.(마 15:4~9)

② 마땅히 높일 것과 행할 일을 행하지 않는 것입니다.(롬 13:6~7)

4. 제5계명을 지킬 이유

① 하나님께 영광이 되기 때문입니다.(전 12:13)

② 생명이 길고 복을 누리기 때문입니다.(신 5:16)

③ 약속 있는 계명이기 때문입니다.(엡 6:2~3)

요의

부모를 하나님의 대표자로 보기 때문에 부모를 공경하는 의무를 하나님 공경하는 의무와 같이 생각하였다.

① 부모의 뜻 : 웨스트민스터 대요리 문답(124문)에 "부모는 육신의 부모뿐 아니라 연령과, 은사에 있어서의 모든 윗사람과 특히, 하나님의 규례에 의하여 가정과 교회와 국가를 막론하고 우리 위의 권위의 자리에 있는 자들을 뜻한다."라고 하였다.

② 웨스트민스터 대요리문답 125문, 127문을 반드시 참조할 것

학습문제

1. 제5계명의 내용은 무엇입니까? (출 20:12)

2. 제5계명이 명(命)하는 것이 무엇입니까? (2가지 의무)

①

②

3. 에베소서 6장 1절의 "주 안에서"의 의미를 어떻게 이해합니까?

4. 제5계명을 지킬 이유는 무엇입니까?

토의(자유토론)

1. 부모의 뜻을 구체적으로 말해 봅시다. (웨스트민스터 대요리문답 124문, 125문 참조)

2. '공경하라' 는 뜻은 무엇이며, 나 자신은 '부모를 공경' 했는지 말해 봅시다. (웨스트민스터 대요리문답 127문, 128문 참조)

3. 핵 가족화와 개인주의가 만연한 지금 믿는 자는 어떻게 하여야 더욱 바른 효를 할 것인가 토의해 봅시다.

4. 엘리의 아들들, 사무엘의 아들들, 다윗의 아들 압살롬 등을 성경에서 찾아 공통점이 무엇인지 고찰해봅시다.

제 12 과

제6계명

요점 성경적 생명관 확립

읽을성경 출 20:13, 창 9:6

▶ 제6계명이 무엇입니까?

제6계명은 “살인하지 말라.” 하신 것입니다.

▶ 제6계명에서 명하는 것이 무엇입니까?

제6계명에서 명하는 것은 모든 합리적인 노력으로 자신의 생명과 남의 생명을 보존하라는 것입니다.

▶ 제6계명에서 금(禁)하는 것은 무엇입니까?

제6계명에서 금(禁)하는 것은 불의하게 우리 자신의 생명이나 이웃의 생명을 빼앗거나, 해(害)하는 일들입니다.

생명의 창조자도 하나님이시며, 나의 생명이 소중한 것 이상으로 타인의 생명도, 전 인류의 생명도 소중함을 알 때 구령 열정과 선교열이 높아집니다.

1. 제6계명의 내용

① "살인하지 말라." (출 20:13)

② 사람을 죽이지 말라는 것입니다.(마 5:21)

③ 생명을 천하보다 귀하게 여기는 것입니다.(마 16:26)

2. 제6계명이 명(命)하는 것

① 자기 생명을 보호하라는 것입니다.(엡 5:29~30) 자기 생명뿐만 아니라, 자기의 영혼까지도 보호하여야 합니다.(살전 5:23)
나의 몸은 하나님께 받은 것으로 성령이 거하는 전임을 알고(고전 6:19) 순결하고 거룩하게 지켜야 합니다.

② 남의 생명을 보호하라는 것입니다.(시 82:4) 남의 이름을 손상시키지 말며, 남의 육체를 살해하지 말고(분노, 시기와 질투, 증오), 남의 영혼을 멸망시키지 말아야 합니다.

3. 제6계명에서 금(禁)하는 것

① 자기 생명을 살해하지 말라는 것입니다.(행 16:28)

② 남의 생명을 해하지 말라는 것입니다.(창 9:6)

③ 웨스트민스터 대요리문답 136문에는 금하는 것들을 구체적으로 말하고 있습니다.

④ 악한 일을 하지 말라는 것입니다.(출 21:18~32)

⑤ 악한 생각을 하지 말라는 것입니다.(요일 3:15, 갈 5:15)

※ 인간의 생명은 하나님의 창조의 선물이며, 또 고귀한 하나님의 형상인 것입니다. 생명은 하나님께 속하므로 감히 인간의 자유가 침해할 수 없는 거룩한 영역입니다. 자살이 죄가 됨은 하나님의 전능하심과 그 사랑을 부인하는 결과가 되기 때문입니다. 곧 생명의 주인은 하나님이기 때문입니다.

요의

아퀴나스(T.Acquinas)는 자살은 첫째, 자기 자신을 돌볼 의무에 위반되고, 둘째, 사회에 대한 모욕(侮辱)이며, 셋째, 생사를 주장하시는 하나님의 권능을 강탈하는 것이라고 반대하였다.

학습문제

1. 제6계명의 내용은 무엇입니까? (출 20:13)

2. 마가복음 8장 31, 36절을 읽고 예수님의 생명관을 묵상합시다.

3. 고린도전서 6장 19절에서는 우리의 몸을 무엇에 비유하고 있습니까?

4. 제6계명에서 금(禁)하는 것 4가지는 무엇입니까?

5. 자살이 죄가 되는 까닭은 무엇입니까?

토의(자유토론)

1. 남을 살해하는 데는 어떤 방법들이 있습니까?

2. 살인죄를 막는 비결은 어떤 것들이 있습니까?

3. 살인자(殺人者)에 대한 사형은 정당한가? (성경적으로 말해보자.)

4. 폐수방류, 자연훼손, 유해식품 제조, 폭음 등은 살인과 무슨 관계가 있습니까? (예 간섭, 살인죄 문제)

제 13 과

제7계명

요점 성경적 순결관 확립

읽을성경 출 20:14, 마 5:28

▶ 제7계명이 무엇입니까?

제7계명은 "간음하지 말지니라" 하신 것입니다.

▶ 제7계명에서 명(命)하는 것이 무엇입니까 ?

제7계명이 명하는 것은 생각과 말과 행동으로 우리와 이웃의 정조를 보존하라는 것입니다.

▶ 제7계명에서 금(禁)하는 것이 무엇입니까?

제7계명에서 금하는 것은 모든 깨끗지 못한 생각과 말과 행동입니다.

우상 숭배하는 이스라엘을 영적 간음자(하나님께 대한)로 취급합니다. 바른 이성관, 결혼관, 순결관을 일평생 유지하는 것이 거룩한 삶의 기본입니다.

1. 제7계명의 내용

① "간음하지 말라." (출 20:14)

② 가정의 존귀함을 알고 정조(貞操)를 범하지 말라는 것입니다.

2. 제7계명이 명(命)하는 것

① 마음의 정조를 보전하라는 것입니다.(마 5:28) – 몸가짐, 언사(엡 4:29), 조심(정신적)

② 몸의 순결을 지키라는 것입니다.(눅 1:34, 고전 6:18~19) – 결혼 전, 결혼 후에도 조심(육체적)

③ 영적 순결을 보전하라는 것입니다.(신앙적) – 애세(愛世) 주의, 의세(依世) 주의(약 4:4, 딤후 3:1~5), 우상 숭배(렘 3:8~10) 조심

④ 웨스트민스터 대요리문답 138문을 반드시 참조할 것

3. 제7계명이 금(禁)하는 것

① 음욕의 죄를 범하지 말라는 것입니다.(마 5:28) – 부정한 생각

② 말의 죄를 범하지 말라는 것입니다.(엡 5:3, 4, 29) – 부정한 말

③ 불법 결혼을 하지 말라는 것입니다.(마 19:6, 잠 19:14) – 부정한 행동

④ 함부로 이혼하지 말라는 것입니다.(마 19:6, 9, 눅 17:2, 마 5:32) –

부정한 행동

⑤ 문란한 결합을 금하는 것입니다. – 일부다처(창 2:21~25), 근친상간(혼)(레 18:6~23, 고전 5:1~2), 동성애(창 19:5)

⑥ 웨스트민스터 대요리문답 139문을 반드시 참조할 것.

4. 이 계명은 음욕을 불러일으키듯 하여 간음의 죄에 접근하는 모든 종류의 것들을 금하고 있습니다. 이 계명의 진정한 뜻은 "너희는 이웃의 순결을 어떠한 방법으로든지 손상시키지 말며 부정(不定)한 길로 유혹하지 말라."는 것입니다. 특별히 젊은이들은(중. 고등. 청년) 이 계명을 마음속 깊이 명심해야 합니다.

학습문제

1. "간음"이란 뜻을 국어사전에서 찾아 봅시다. 그리고 성경에서 찾아봅시다. (레 20:10~20, 잠 6:32, 렘 29:23)

2. 제7계명의 내용은 무엇일까요? (출 20:14)

3. 마태복음 5장 28절의 음욕을 '품는' 것과 아름다움을 보고 '아름답다'는 것의 차이는 무엇일까 묵상해봅시다.

4. 제7계명이 금(禁)하는 것을 크게 3가지로 말한다면 무엇입니까?

① 마 5:28 –

② 엡 5:3, 4, 29 –

③ 마 19:6, 눅 17:2 –

토의(자유토론)

1. '간음' 이 가져오는 해로움은 무엇입니까?

2. 순결을 지키는 방법은 무엇일까요? (음욕을 이기는 비결)

3. 결혼이 금지되어 있는 인척 촌수를 말해봅시다. (레 18:6~18)

4. 동성연애의 부당성을 말해봅시다. (창 19:5)

제 14 과

제8계명

요점 성경적 물질관 확립

읽을성경 출 20:15, 엡 4:28

▶ **제8계명이 무엇입니까?**

제8계명은 "도둑질하지 말라." 하신 것입니다.

▶ **제8계명에서 명(命)하는 것이 무엇입니까?**

제8계명에서 명하는 것은 합리한 법대로 우리와 남의 재물과 산업을 얻고 또 증진하게 하라 하는 것입니다.

▶ **제8계명에서 금하는 것이 무엇입니까?**

제8계명에서 금하는 것은 우리와 남의 재물과 산업을 불의하게 방해하거나 혹 방해될 만한 일입니다.

우주는 하나님이 건설하셨고(시 89:11), 하나님의 것이며(대상 29:11), 사유재산권도 인정하셨습니다.(행 17:26)

1. 제8계명의 내용

① "도둑질하지 말라."(출 20:15)

② 개인 재산의 권리를 보존하라는 것입니다.

③ 이웃의 재산권을 침해하지 말라는 것입니다.

2. 제8계명에서 명(命)하는 것

① 합법적인 방법으로 재산을 얻으라는 것입니다.(신 25:13~15, 잠 23:21) - 성경말씀을 좇아하는 것이 합법적이요, 정당한 것이요, 선한 것입니다.

② 범사에 부지런하라는 것입니다.(잠 20:4, 살후 3:10) - 자기가 맡은 일에 최선을 다하고 게으르지 않아야 합니다. 빈부귀천 구분없이 해야 하는 것이 노동입니다. 노동은 하나님이 인간에게 주신 천직이요, 명령입니다.

③ 선하게 사용하며 남용하지 말라는 것입니다.(신 14:22~29, 레 25:35) - 먼저 하나님의 것(십일조)과 범사에 감사하면서(감사헌금) 사는 것이요, 남용(눅 15:11~32)하지 말아야 합니다.

④ 재물과 산업을 증진케 하라는 것입니다.(요삼 1:2) - 먼저 영혼이 잘되어야 하고, 재물을 사랑치 말고(딤전 6:10), 성실하므로 전심전력하여 우리의 진보를 모든 사람에게 나타내어야 합니다.(딤전 4:15, 마 25:14~30)

3. 제8계명에서 금(禁)하는 것

① 불의하게 얻지 말라는 것입니다.(잠 21:6) – 속이는 말로 재물을 모으는 것이나, 도적질하여 모으는 것 등의 옳지 못한 행위로 얻는 것입니다.(겔 22:29)

② 이웃의 재물을 방해하지 말라는 것입니다.(약 5:4) – 품꾼에게 주지 아니한 삯이나, 이런 일들을 통해 속히 부(富)하고자 하는 자들은(잠 28:20) 이웃의 재물을 방해하는 것입니다.

③ 하나님의 것을 도둑질하지 말라는 것입니다.(말 3:9) – 하나님의 것을 절대 도둑질하면 안 됩니다.(말 3:8) "하나님의 것은 하나님께 바쳐야 합니다."(마 22:21)

④ 웨스트민스터 대요리문답 142문을 꼭 참조할 것

학습문제

1. 제8계명의 내용은 무엇입니까? (출 20:15)

2. 제8계명에서 명(命)하는 것은 무엇입니까?

3. 마태복음 25장 14~30절를 읽으십시오. 그리고 25장 24~30절의 무익한 종은 사유재산의 관리를 바르게 못한 것을 나의 직분과(교회, 직장) 연관해서 묵상합시다.

4. 노름, 고리대금, 탈세 등이 제8계명과 어떻게 연관되어 있는지 생각해 봅시다.

토의(자유토론)

1. 도둑질하는 원인을 말해봅시다. (성경적으로)

2. 십일조에 대해서 말해봅시다.

3. 초대교회의 물질관을 말해봅시다. (행 2:44~46)

제 15 과

제9계명

요점 성경적 진실관 확립

읽을성경 출 20:16, 신 5:20

▶ 제9계명이 무엇입니까?

제9계명은 "네 이웃에 대하여 거짓 증거하지 말라." 하신 것입니다.

▶ 제9계명에서 명(命)하는 것이 무엇입니까?

제9계명에서 명하는 것은 특히, 증거할 때에 피차 진실함과 또 우리와 이웃의 명예를 보존하며 증진하게 하라는 것입니다.

▶ 제9계명에서 금(禁)하는 것이 무엇입니까?

제9계명이 금하는 것은 무엇이든지 진실함에 해가 되는 일이나 혹은 이웃의 명예를 상하게 하는 것입니다.

하나님은 진리이시고 신실하십니다. 거짓은 사탄의 전유물입니다. 하나님은 우리의 진실함을 원하십니다.(혀, 마음, 생활 전반)

1. 제9계명의 내용

① "네 이웃에 대하여 거짓 증거하지 말라."(출 20:16)

② 인간 생활에서 진실을 지키도록 규정한 계명입니다.(잠 19:9)

③ 진실하신 하나님은 우리들 상호 간에 이웃에게 진실을 말하는 것을 요구하시는 계명입니다.(잠 12:22)

2. 제9계명에서 명(命)하는 것

① 피차간에 진실하라는 것입니다.(잠 14:5, 25) – 가정에서, 사회 생활에서, 정치에서, 사업에서, 신앙생활에서 진실하라는 것입니다. 특히 진실한 증인은 사람의 생명을 구원합니다.(잠 14:25)

② 피차간에 명예를 보존하라는 것입니다.(슥 8:16) – "겸손한 마음으로 각각 자기보다 남을 낫게 여기고 각각 자기 일을 돌볼뿐더러 또한 각각 다른 사람들의 일을 돌보아 나의 기쁨을 충만하게 하라."(빌 2:3~4)는 것이요, 형제를 사랑하여 서로 우애하고 존경하기를 서로 먼저 하는(롬 12:10) 것입니다.

③ 피차간에 명예를 증진시키라는 것입니다.(잠 22:1) – "끝으로… 무엇에든지 참되며 무엇에든지 경건하며 무엇에든지 옳으며 무엇에든지 정결하며 무엇에든지 사랑받을 만하며 무엇에든지 칭찬받을 만하며……."(빌 4:8) 증진은 거짓을 버릴 때 가능합니다.(마 12:35~37)

④ 웨스트민스터 대요리문답 144문을 반드시 참조할 것

3. 제9계명에서 금(禁)하는 것

① 진실함에 해 되는 것을 하지 말라는 것입니다.(잠 19:5) – 아첨하는 것이나 불공평한 판결이나, 맹세와 계약을 위반하는 것이나, 위장위조, 위조지폐, 과장, 중상, 모략, 비방, 험담하는 것 등입니다.

② 피차간에 명예를 훼손하지 말라는 것입니다.(시 15:3) – 이웃에게 악의로 평론하지 말라는 뜻입니다.(출 23:1~2) 악평으로 남의 명예를 손상시켜 신용을 추락시키거나 사회적으로 그 사람을 매장하는 것은 그 혀에 독을 품고 있는 것과 같습니다. 악평하는 것은 혀로 짓는 살인죄요, 피차 멸망입니다.

③ 웨스트민스터 대요리문답 145문을 반드시 참조할 것

학습문제

1. 제9계명의 내용은 무엇입니까? (출 20:16)

2. 창세기 3장 4, 5절의 뱀의 모양으로 나타난 사탄의 말이 왜 거짓말인지 찾아봅시다. (창 2:17)

3. 제9계명에서 금(禁)하는 것은 무엇입니까? (잠 19:5, 시 15:3)

토의(자유토론)

1. 제9계명을 지키기 위하여 노력할 점을 말해 봅시다. (약 3:3, 16, 잠 31:8, 시 15:2, 잠 14:25). 거짓말, 거짓 행동으로 겪었던 고충이나 지금 고민이 있으면 해결합시다. 하나님과 사람 앞에서.

2. 거짓 증거의 실례를 성경에서 찾아봅시다. (왕상 21장)

3. 거짓에 대한 우리나라 속담이나 격언을 말해봅시다.
(예 거짓말은 발이 없다. 이솝 우화 "늑대 출현 이야기")

제 16 과

제10계명

요점 성경적 자존관 확립

읽을성경 출 20:17, 히 13:5

▶ 제10계명이 무엇입니까?

제10계명은 "네 이웃의 집을 탐내지 말라. 네 이웃의 아내나 그의 남종이나 그의 여종이나 그의 소나 그의 나귀나 무릇 네 이웃의 소유를 탐내지 말라." 하신 것입니다.

▶ 제10계명에서 명하는 것은 무엇입니까?

제10계명에서 명(命)하는 것은 우리 처지를 만족히 여기며 이웃과 그 있는 모든 것에 대하여 의롭고 사랑하는 마음을 품으라는 것입니다.

▶ 제10계명에서 금(禁)하는 것이 무엇입니까?

제10계명에서 금하는 것은 우리의 처지를 부족하게 여기거나 이웃의 행복을 시기하거나 이웃에 있는 모든 물건에 대한 불의한 행동과 감정입니다.

현재를 만족할 줄 아는 자가 감사하는 자이며, 과다한 욕심은 패망과 패륜(박한상의 살인)을 낳고 사망이라는 출산을 합니다.

1. 제10계명의 내용

① "네 이웃의 집을 탐내지 말라."(출 20:17)

② 우리 마음속에서 분수처럼 솟아나는 탐욕을 금지한 것입니다.

③ 일마다 만족한 심정으로 살아가라는 것입니다.

2. 제10계명에서 명(命)하는 것

① 자기 처지를 만족히 여기라는 것입니다.(히 13:5) – 자족하는 자는 자기의 생활에 열중하므로 탐심을 모릅니다. 만족은 자기를 바로 알 때에 가집니다.(고전 4:7) 바울은 자족하기를 배워 만족히 여겼습니다.(빌 4:11~13) 자족하는 마음은 경건함에 큰 이익이 됩니다.(딤전 6:6~8)

② 이웃을 사랑하는 마음을 품으라는 것입니다.(빌 2:4, 롬 12:15) – "각각 자기 일을 돌볼뿐더러 또한 각각 다른 사람들의 일을 돌보아 나의 기쁨을 충만하게 하라."는 것이요. "즐거워하는 자들과 함께 즐거워하고 우는 자들과 함께 우는" 것입니다. 그리고 자기중심으로 생각지 않고 그것이 이웃에게 어떤 영향을 줄 것인지 생각하고 내 집, 내 것만 위하는 편협한 생각을 버리고 이웃이 잘 됨으로 내게도 유익함을 아는 것입니다.

3. 제10계명이 금(禁)하는 것

① 우리의 처지를 불만하지 말라는 것입니다.(고전 10:10) – 사람의 마음은 사막과 불과 같아서 족히 여기지 않습니다.(전 1:8)
아합의 불만(왕상 21:1~4), 하만의 불만(에 5:13), 이스라엘 백성의 불만(고전 10:10), 그래서 타인을 해치고 자기를 망칩니다.

② 이웃의 행복을 시기하지 말라는 것입니다.(갈 5:26, 약 3:14~16)

③ 이웃의 물건에 대한 부당한 행동과 감정을 버리라는 것입니다.(골 3:5) – 타락한 인간은 자신의 처지에 만족치 않고 제 울타리를 넘어 탐심을 품게 됩니다. 탐심은 죄의 근본입니다. 행동과 생각을 함께 합니다. 개별적으로 지적하고 있습니다. 이웃의 집, 아내, 남종, 여종, 가축, 기타 모든 것에 대한 부당한 행동과 감정을 금하고 있습니다.

학습문제

1. 제10계명의 내용이 무엇입니까? (출 20:17)

2. 제10계명에서 명(命)하는 것이 무엇입니까? (히 13:5, 빌 2:4)

3. 제10계명에서 금(禁)하는 것이 무엇입니까?
(고전 10:10, 갈 5:26, 골 3:5)

4. 자신의 처지를 불만스럽게 여겼던 자들의 최후는 어떻게 되었습니까?
(왕상 21:1~4, 에 5:13, 고전 10:10)

5. 마태복음 22장 37~39절을 읽으십시오. 십계명의 대 강령을 찾아봅시다.

토의(자유토론)

1. 탐심은 어떤 죄와 같습니까? (골 3:5)

2. 성도가 자족해야 할 이유가 무엇입니까? (욥 1:21)

3. 욕심의 허무함을 예수님은 어떻게 가르치셨습니까?
(막 8:36, 눅 12:15, 33)

MEMO

〈소요리문답 요약 교재〉

3. 영원한 계명

발행일 1997년 09월 20일
수정 2쇄 2018년 01월 12일

지은이 김재규
펴낸이 장사경
편집디자인/Illust 박소린

펴낸곳 Grace 은혜출판사 (Grace Publisher)

주소 서울특별시 종로구 종로 65길 12-10
전화 (02) 744-4029 팩스 744-6578
출판등록 제 1-618호(1988. 1. 7)

ISBN 978-89-7917-968-2 04230
978-89-7917-956-9 (세트)

국립중앙도서관 출판예정도서목록(CIP)

소요리문답 요약 교재. 3, 영원한 계명 / 지은이: 김재규. -- 수정[판]. -- 서울 : Grace 은혜출판사, 2015
p. ; cm

ISBN 978-89-7917-968-2 04230 : ₩4500
ISBN 978-89-7917-956-9 (세트) 04230

교리 문답[敎理問答]
기독교 교육 교재[基督敎敎育敎材]

231.8-KDC6
238.42-DDC23 CIP2015034609